AF342714

VENTE DU LUNDI 30 JANVIER 1888

HOTEL DROUOT, SALLE N° 3

à deux heures précises

DESSINS

ANCIENS

EXPOSITION PUBLIQUE

LE DIMANCHE 29 JANVIER 1888

DE DEUX HEURES A CINQ HEURES

COMMISSAIRE-PRISEUR
Mᶜ MAURICE DELESTRE
27, rue Drouot, 27

EXPERT
M. JULES BOUILLON
Md d'Estampes de la Bibliothèque nationale
3, rue des Saints-Pères, 3

DESSINS ANCIENS

IMPRIMERIE D. DUMOULIN ET Cie

Rue des Grands-Augustins, 5, à Paris.

CATALOGUE

DE

DESSINS ANCIENS

PRINCIPALEMENT

DE L'ÉCOLE FRANÇAISE

DU XVIIIe SIÈCLE.

Provenant de la Collection d'un amateur de province.

DONT LA VENTE AURA LIEU

HOTEL DROUOT, SALLE N° 5

Le Lundi 30 Janvier 1888

A deux heures précises.

Par le ministère de Me Maurice **DELESTRE**, Commissaire-Priseur
27, rue Drouot,

Assisté de **M. Jules BOUILLON**, M^d d'Estampes de la Bibliothèque
nationale, succ^r de CLÉMENT, 3, rue des Sts-Pères,

Chez lesquels se trouve le présent Catalogue.

EXPOSITION PUBLIQUE : le Dimanche 29 Janvier 1888
De deux heures à cinq heures

CONDITIONS DE LA VENTE

La vente sera faite au comptant.

Les acquéreurs payeront cinq pour cent en sus des enchères applicables aux frais.

Tous les dessins formant cette collection sont encadrés.

L'ordre du catalogue sera suivi.

———

DÉSIGNATION

ANONYMES

1 — *Un incroyable.*

A la plume et lavis de sépia.

2 — *Modèle d'ornements pour décors d'une galerie.*

Aquarelle.

BELLANGÉ (H.)

3 — *Voltigeur de la garde.*

A la plume et lavis d'aquarelle.

BENARD (J.-B.)

4 — *La Déclaration d'amour. Composition de deux figures.*

Au crayon noir.

BIBIENA

5 — Décoration pour un plafond.

Au crayon noir, rehaussé de blanc.

BOILLY (L.)

6 — Femme du peuple coiffée d'un mouchoir.

Au crayon noir, rehaussé de blanc.

BOIZOT

7 — L'Amour vainqueur.

Au lavis d'encre de Chine.

BORNET

8 — Jomini traversant le désert.

A la sépia.

BOSIO (D.)

9 — Le Café Procope.

A la plume et lavis d'encre de Chine et d'aquarelle.

BOUCHARDON (E.)

10 — L'Assomption de la Vierge.

A la sanguine.

BOUCHER (F.)

7   11 — *Jeune garçon accoudé sur un pont.*
Au crayon noir, rehaussé de blanc.

3   12 — *Jeune paysanne, vue de profil.*
Au crayon noir, rehaussé de blanc.

4   13 — *Nymphe couronnant le buste de M*^{me} *de Pompadour.*
Au crayon noir.

10   14 — *Vénus aux colombes.*
A la sanguine.

9   15 — *Vénus et l'Amour couchés sur un lit.*
A la sanguine.

2   16 — *La Chasse aux grenouilles.*
Au crayon noir.

BOYVIN (René)

10   17 — *Décoration d'une cheminée monumentale.*
A la plume et lavis de sépia.

CARESME (Ph.)

3   18 — *Nymphes et Amours.*
A la plume et mine de plomb.

CAZENAVE (F.)

19 — *Hébé.*

Au lavis d'encre de Chine.

CHARDIN (J.-B.-S.)

20. — *Portrait d'un jeune garçon, la tête cou-*
verte d'une toque.

A la plume et sanguine, avec lavis d'encre de Chine.

CHASSELAT

21 — *Compositions tirées d'un roman du com-*
mencement du siècle.

Trois dessins dans un même cadre, à la plume et lavis
de bistre.

CLODION ?

22 — *Études de têtes.*

Deux dessins au lavis de bistre.

COCHIN (Ch.-N.)

23 — *Un fleuve.*

Dessin de forme ronde. A la sanguine.

24

GOCHIN

24 — *Un guerrier debout.*

Dessin de forme ronde avec devise autour. A la sanguine.

25 — *Entrée d'un port de mer.*

Aux crayons de couleurs.

COURTOIS (J.)

26 — *La Fin d'un combat.*

A la plume.

COYPEL (Ant.)

27 — *Composition allégorique, avec figures de femmes et amours sur des nuages.*

A la plume et lavis de bistre.

COYPEL (Ch.)

28 — *Le Mariage mystique de sainte Catherine.*

A la sanguine.

29 — *Enlèvement d'Europe.*

A la sanguine.

DEFRANCE

30 — *Composition allégorique sur la Révolution française.*

Au lavis d'encre de Chine.

DE LA RUE

31 — *Amours et satyre assis.*

Au lavis d'encre de Chine et de bistre.

DEMARNE

32 — *Bords d'une rivière avec moulins à eau.*

Au crayon noir.

DEMARTEAU

33 — *Tête de jeune fille, d'après Boucher.*

A la sanguine.

DENON

34 — *L'Amour enchaîné*

A la plume.

DESFRICHES

35 — *Militaires et chariot traîné par deux che-*
vaux.

A la plume.

DESHAYS (J.-B.)

36 — *Le Cerf-volant.*

Au crayon noir, rehaussé de blanc.

DIAMANTINI

37 — *Jup ter et Léda.*

A la plume et lavis d'encre de Chine.

DIZIANI (GASPARD)

38 — *La Musique et la Comédie.*

A la plume et lavis d'encre de Chine.

ÉCOLE FRANÇAISE

(XVIIIᵉ SIÈCLE)

39 — *Allégorie sur la peinture.*

A la plume et sanguine.

40 — *Scène d'opéra comique.*

Gouache.

41 — *Une muse.*

Gouache.

42 — *Portrait d'un sculpteur.*

Aux trois crayons.

ÉCOLE FRANÇAISE

43 — *Décoration d'un côté de bibliothèque.*

A la plume et lavis d'aquarelle.

ÉCOLE VÉNITIENNE

(XVIᵉ SIÈCLE)

44 — *Les Rois mages.*

A la plume et lavis de sépia. Cadre en bois sculpté.

FRAGONARD (H.)

45 — *Vénus et l'Amour couchés sur un lit,
d'après le tableau de J. Romain au
palais du Té à Mantoue.*

Au crayon noir.

46 — *Une cour de ferme, avec figures sur le
devant.*

A la sanguine.

FREDOU

47 — *L'Assomption de la Vierge.*

Au crayon noir, rehaussé de blanc,

48 — *Les Amours jardiniers.*

Au crayon noir, rehaussé de blanc.

GÉRICAULT

49 — *Études de chevaux et cavaliers sur une même feuille.*

A la plume.

50 — *Études de chevaux sur une même feuille.*

A la plume.

GILLOT (Cl.)

51 — *Conversation galante.*

A la sanguine. Cadre sculpté.

52 — *Personnage de la Comédie italienne.*

Etude aux trois crayons.

53 — *Costume de femme de la Comédie italienne.*

A la sanguine.

GIRODOT-TRIOSON

54 — *Portrait d'un jeune homme.*

Au crayon noir. Contre-épreuve.

GRAVELOT (H.)

55 — *Guerriers combattant au bord de la mer.*

A la plume et lavis de bistre.

GREUZE (J.-B.)

56 — *Étude d'une tête de jeune fille.*

A la sanguine. Cadre en bois sculpté.

57 — *Étude d'une tête d'enfant appuyée sur un oreiller.*

A la sanguine.

58 — *Jeune seigneur présentant une lettre.*

Etude au crayon noir.

GRIMOU (J.)

59 — *Tête de jeune garçon, avec une grande collerette.*

A la sanguine.

H. J. H.

60 — *Modèle de reliure pour le Sacre de* Louis XVIII.

A la plume et lavis d'encre de Chine.

HUBERT ROBERT

61 — *Paysage avec ruines, figures et animaux.*

A la sanguine.

62 — *Palais, parcs, paysages.*

Six croquis à la sépia et sanguine.

HUET (J.-B.)

63 — *Jeune berger gardant son troupeau.*

A la sanguine.

64 — *Chèvres couchées.*

A la plume et lavis d'aquarelle. Signé.

HUOT (F.)

65 — *Portrait d'un abbé.*

Au crayon noir et mine de plomb. Signé et daté 1780.

ISABEY

66 — *Le Flâneur.*

A la plume.

LA FAGE (R. DE)

67 — *Jupiter et Léda.*

A la plume et lavis d'aquarelle.

LAGRENÉE

16 – 68 — La Mort d'un guerrier.

A la plume et lavis de bistre, rehaussé de blanc.

LALLEMAN

40 69 — Vues de Naples.

Deux compositions faisant pendants. Gouaches signées.

11 – 70 — Paysage suisse.

Gouache.

LAMI (EUGÈNE)

47 71 — Voitures, diligences, etc.

Six dessins dans un même cadre. A la plume et lavis
de bistre.

LANCRET (N.)

7 72 — Groupe de danseurs.

Croquis à la sanguine.

LANTARA

14 73 — Vue d'un parc.

A la plume et lavis d'encre de Chine.

LANTARA

74 — *Le Moulin à eau ; sur le devant, figures et animaux.*

Au lavis d'encre de Chine.

LARGILLIÈRE (N. DE)

75 — *Étude pour un portrait de femme.*

A la sanguine.

LE BAS

76 — *Le Voyageur endormi.*

A la plume. Signé.

LE BEAU

77 — *Allégorie sur la Révolution.*

A la plume et lavis d'encre de Chine.

LE MOINE (F.)

78 — *Etude de femme nue, couchée.*

A la sanguine et pastel.

LÉPICIÉ

10 79 — *Portrait d'un jeune enfant.*

Au crayon noir et lavis d'encre de Chine, rehaussé de
blanc.

9 - 80 — *Jeune garçon couché, dormant.*

Au crayon noir, rehaussé de blanc.

6 - 81 — *Jeune garçon appuyé sur un mur.*

Au crayon noir, rehaussé de blanc.

6 - 82 — *Jeune berger debout.*

Au crayon noir, rehaussé de blanc.

LEPRINCE

36 - 83 — *Paysage avec cascade, traversée par un
pont de bois.*

Au lavis de bistre.

LE SUEUR (E.)

2.5o 84 — *Un saint en prière.*

Au crayon noir, rehaussé de blanc.

MANSSON

85 — *Vue d'une église, avec costumes moyen âge sur le devant.*

Aquarelle signée.

MARIN (L.)

86 — *Les Plaisirs de l'éducation.*

Aux trois crayons, sur vélin. Cadre Louis XVI en bois ajouré et doré.

MAURICE (A.-C.)

87 — *Portrait de femme, d'après L. de Vinci.*

Dessin de graveur, au crayon noir et encre de Chine.

MOLA (P.)

88 — *Daniel dans la fosse aux lions.*

A la plume et lavis de bistre.

MONGIN (P.)

89 — *Paysage avec figures et animaux sur le devant.*

Gouache.

MONNET (C.)

90 — *La Fantasmagorie*.

A la plume et lavis d'encre de Chine, signé.

MONNIER (H.)

91 — *Aux Champs-Élysées*.

Aquarelle.

92 — *Une grisette*.

A la plume et lavis d'aquarelle.

MOREAU (L.) ?

93 — *Vue prise dans le parc de Trianon*.

Aquarelle.

MOREAU (J.-M.) ?

94 — *Leçon de musique, représentée par trois personnages assis au bas d'une terrasse ; dans le fond, la vue d'un château*.

A la plume et lavis d'encre de bistre.

NATOIRE (Ch.)

95 — *Etudes de figure et de mains*.

A la sanguine, rehaussé de blanc.

NATOIRE

96 — *Le Départ pour la guerre.*

A la plume et lavis d'encre de Chine.

NATTIER

97 — *Bustes de femmes.*

Étude à la sanguine.

NICOLLE

98 — *Vue de Rome.*

Aquarelle.

99 — *Eglise des Frères Mineurs de Saint-Fran-*
çois, à Venise.

Aquarelle.

100 — *Vue de Saint-Pierre et du Vatican ; sur*
le devant, une fontaine et nombreux
personnages.

A la plume et lavis d'encre de Chine et de bistre.

NILSOON (K.)

101 — *Les Buveurs ; — la Musique.*

Deux dessins de forme ronde à la sépia.

NILSOON

39. 102 — *Fleuron d'ornement, avec Minerve et figures d'amours.*

A la plume et lavis d'encre de Chine.

31. 103 — *Lettres galantes. Fleuron ornementé pour un livre in-fol.*

A la plume et lavis d'encre de Chine.

19 104 — *Paysage avec enfants nus jouant.*

A la plume et lavis d'encre de Chine.

NORBLIN (P.)

81. 105 — *Le Rémouleur; — le Montreur de marmottes.*

Deux dessins faisant pendants. A l'aquarelle.

OUDRY (J.-B.)

30. 106 — *Le Lion et l'Ane chassant.*

A la plume et lavis d'encre de Chine. Dessin pour les fables de La Fontaine.

PARIZEAU

107 — *Modèles de vases. Douze sujets sur une même feuille.*

A la plume et lavis de bistre.

PARROCEL

108 — *Militaire à cheval.*

Étude à la sanguine.

109 — *Soldat debout, appuyé sur son épée.*

A la sanguine.

PATER

110 — *Etude de femmes assises.*

A la sanguine.

PECHON (H.)

111 — *L'Attente, composition de trois figures.*

Aquarelle.

PERCIER

112 — *Projet primitif de l'Arc de Triomphe de la Grande Armée.*

A la plume et lavis de bistre.

PIERRE (J.-B.-M.)

113 — *La Réprimande.*

Au crayon noir, rehaussé de blanc.

PILLEMENT (J.)

114 — *Chaumière dans un paysage.*

Au crayon noir.

POUSSIN (N.)

115 — *Triomphe de Bacchus.*

A la plume et lavis d'encre de Chine.

PRIEUR

116 — *Fête de la Fédération.*

Aquarelle.

PRUD'HON (P.P.) ?

117 — *Portrait d'un jeune homme.*

Au crayon noir.

PRUD'HON (Atelier de P.-P.)
Albrier, Boisfremont, Riault, Trézel.

118 — *L'Assomption de la sainte Vierge.*

Aux crayons noir et blanc, sur papier bleu.

119 — *Composition allégorique, où est repré-
senté un guerrier couronné par une
muse.*

Au crayon noir, rehaussé de blanc, sur papier bleu.

PRUD'HON (Atelier de P.-P.)

120 — *Intérieur d'un atelier de peintre.*

Au crayon noir, rehaussé de blanc.

121 — *La Toilette de Vénus.*

A la plume et lavis de sépia.

122 — *Nymphe cueillant une fleur.*

Au crayon noir, rehaussé de blanc, sur papier bleu.

123 — *Etude de femme nue, appuyée sur un piédestal.*

Au crayon noir, rehaussé de blanc, sur papier bleu.

124 — *Etude de femme assise.*

Au crayon noir, rehaussé de blanc.

125 — *Etude d'une tête de femme.*

Aux trois crayons.

126 — *Etude d'une tête de femme.*

Aux trois crayons.

127 — *Portrait d'une jeune femme, avec perles dans les cheveux.*

Aux trois crayons, sur papier bleu.

PRUD'HON (Atelier de P.-P.)

128 — *Portrait d'une jeune femme coiffée d'un grand chapeau.*

Aux trois crayons, sur papier bleu.

129 — *Portrait d'une jeune femme avec un fichu blanc sur les épaules.*

Aux trois crayons, sur papier bleu.

PUJOS

130 — *Portrait d'homme, vu de face.*

Au crayon noir, rehaussé de blanc.

CARMONTELLE (L.-C. DE)

131 — *Portrait d'homme, avec perruque poudrée.*

Aux trois crayons.

RAOUX

132 — *Jeune mère tenant son enfant.*

A la plume.

ROWLANDSON

133 — *Consultation à Londres.*

A la plume et lavis d'aquarelle.

SACHS. (l'aîné)

134 — *Metal-Ellou, domestique.*
A la plume et lavis d'aquarelle.

SALAMBIER (A.)

135 — *Montants d'ornements.*
Trois dessins à la plume et lavis d'encre de Chine.

SARAZIN

136 — *Vue d'Arcueil.*
Au lavis d'encre de Chine, signé et daté 1782.

SCHWEICHARDT (H.-G.)

137 — *Pâturages au bord de la mer.*
A la sépia. Signé.

SNAYERS (P.)

138 — *Paysage avec chaumière.*
A la plume et lavis de bistre.

SWEBACH

139 — *Lieutenant de Chevau-légers bavarois,*
— Officier de Dragons bavarois.
Deux dessins à la plume et lavis d'encre de Chine et
aquarelle.

SWEBACH

140 — *Etude de femme debout, vue de dos.*

Au crayon noir.

TAUNAY

141 — *Défilé d'un convoi militaire.*

A la plume et lavis de bistre.

TIEPOLO

142 — *Martyre d'un saint.*

A la plume et lavis de bistre.

VALLIN

143 — *Nymphe endormie surprise par un satyre.*

Au crayon noir, rehaussé de blanc.

VANLOO (C.)

144 — *Allégorie, composition de trois figures, pour un plafond.*

A la plume et sanguine.

VAN REITER

145 — *Paysage maritime avec figures.*
A la plume et lavis d'encre de Chine. Signé.

VERDIER

146 — *Bacchanale.*
Au crayon noir, rehaussé de blanc.

VERNET (JOSEPH)

147 — *Paysage avec figures et animaux.*
Au lavis de sépia, rehaussé de gouache. Cadre en bois sculpté.

VERNET (CARLE)

148 — *Incroyable et Merveilleuse.*
A la plume et lavis de bistre.

149 — *Un écuyer, vu de dos.*
A la plume.

VINCENT

150 — *Costume ridicule, 1781.*
A la sépia et aquarelle.

151 — *Femme cousant. Deux études sur une même feuille.*
Aux crayons noir et blanc.

WILLE (P.-A.)

152 — *Un vainqueur de la Bastille se présentant
à son épouse.*

Au crayon noir.

153 — *Fillette assise.*

Au crayon noir, rehaussé de blanc.

BOUCHER ?

154 — *Amours sur des nuages.*

Deux dessins à la sanguine.

IMPRIMERIE D. DUMOULIN ET C$^\text{ie}$

Rue des Grands-Augustins, 5, à Paris.

www.ingramcontent.com/pod-product-compliance
Lightning Source LLC
LaVergne TN
LVHW010436060726
842526LV00005B/1834